36 Balkone und Terrassen zum Ausmalen und Gestalten

Design your rooms!

36 Balkone und Terrassen zum Ausmalen und Gestalten

pocket-feng-shui
von Heike Schauz und Heike Kessler

Impressum

Ein Projekt von Heike Schauz & Heike Kessler

Die Pocket-Feng-Shui-Books von Heike Schauz dienen in erster Linie als Impulsgeber. Sie ersetzen keineswegs eine fundierte Feng-Shui-Beratung. Für Detailinformationen bitte die Autorin direkt kontaktieren:

apprico hs consulting
Heike Schauz
Leisbergstr. 15
D-76534 Baden-Baden
Telefon: +49 7221 9706976
mail@apprico.de
www.apprico.de

Herstellung und Verlag:
BoD - Books on Demand, Norderstedt

ISBN 978-3-7412-4794-1

Design your rooms!

Lassen Sie Ihrer Phantasie freien Lauf

In diesem Malbuch finden Sie 36 Gestaltungsideen für Balkone und Terrassen. Malen Sie sich Ihren Wohlfühlort im Freien einfach einmal aus. Was darf bei Ihrem Traumplatz an Haus oder Wohnung auf keinen Fall fehlen? Eine windgeschützte Sitzecke mit vielen Kissen, bunten Blumen, duftenden Kräutern? Ran an die Stifte. Lassen Sie Ihr Bild in Ihren Lieblingsfarben leuchten.

Außenräume gestalten durch Learning by doing

Nehmen Sie unsere Zeichnungen als Inspiration, um eigene Ideen für Balkone und Terrassen zu entwickeln. Das Ausmalen ist nicht nur entspannend, sondern auch bereichernd. Dabei lernen Sie spielerisch die Gestaltung nach Feng-Shui-Prinzipien kennen. So bekommen Sie ein Gefühl für die Harmonie im Raum. Denn gutes Feng-Shui sieht man nicht, man spürt es!

Unser praktisches Malbuch im Taschenformat lässt sich überall mit hinnehmen. Selbst in kurzer Zeit können Sie ganze Motive ausmalen. Wir wünschen Ihnen viel Freude dabei, Ihre Traum-Terrasse oder Ihren Traum-Balkon zu gestalten.

Herzlichst Ihre
Heike Schauz & Heike Kessler

Lassen Sie Ihren Balkon oder Ihre Terrasse zu einem kleinen Paradies werden

Balkone stellen die Verbindung von innen nach außen dar. Sie unterliegen speziellen Rahmenbedingungen und starken Wetterschwankungen.

In Mietwohnungen fallen Außenbereiche oft recht klein aus, was die Gestaltungsmöglichkeiten einengt. Doch selbst die geringste Grünfläche auf Balkon oder Terrasse ist eine Bereicherung. Von der Wohnung ins Freie zu treten, ist eine Anbindung an die Natur. So ein direkter Bezug zum Außen kann eine entspannende, manchmal sogar therapeutische Wirkung haben.

Gemütliche Sitzplätze für eine oder mehrere Personen machen Balkone oder Terrassen zu Wohlfühl-Oasen. Besonders Menschen, die im Home-Office arbeiten, schätzen einen liebevoll gestalteten Außenbereich. So können sie zwischendurch mal etwas Sonne und frische Luft tanken oder sogar draußen arbeiten.

Bei Gestaltungen nach der Feng-Shui-Lehre geht es immer auch um Schutz

Der Wunsch nach Sicherheit, Geborgenheit und Privatsphäre ist ein Grundbedürfnis des Menschen. Kennen Sie das sogenannte „Lehnstuhlprinzip"? Dabei geht es um hohen Schutz im Rücken und seitlichen Schutz durch Armlehnen – mit freiem Blick nach vorne.

Der seitliche und hintere Schutz kann durch viele Maßnahmen erreicht werden – etwa durch Stoffe, die Balkongitter überspannen, verschiedene Terrassen-Umrandungen aus Holz oder Stein sowie durch eine gezielte Bepflanzung.

Auch ein stabiler Bodenbelag gibt Sicherheit. Gitterroste sind allerdings nicht geeignet. Sie sollten vollflächig abgedeckt werden, zum Beispiel mit Holzfliesen oder einem Rasenteppich. Gegen neugierige Blicke der Nachbarn hilft ein Sichtschutz.

Schutz von oben bedeutet auch Schutz vor der Sonne, die an Fassaden besonders stark abstrahlt. Hier bieten sich Sonnenschirme, Sonnensegel, Markisen oder Jalousien an. Als Sonnenschutz auf Terrassen empfiehlt sich auch ein Baum mit Hochstamm und reichlicher Laubkrone. Diese Maßnahmen sorgen für eine lauschige Atmosphäre. Sie symbolisieren Yin und Yang, Schatten und Sonne.

Wollten Sie schon immer mal in der Provence oder in England leben?
Lassen Sie sich bei der Gestaltung Ihres Außen-"Raums" zum Beispiel von Ihrem Lieblingsland inspirieren. Mit farbigen Kissen, alten Weinkisten, Windlichtern o.ä. können Sie etwas Urlaubsatmosphäre auf Balkon oder Terrasse zaubern. Schöne Gartenmöbel gibt es selbst für den kleinsten Bereich.

Bringen Sie alle fünf Elemente in Ihre Balkon- oder Terrassengestaltung mit ein

Zier- oder Nutzpflanzen sowie Kräuter repräsentieren das **Element Holz** ebenso wie ein grüner Rasenteppich. Immergrüne Pflanzen und Bäume werden im Feng Shui grundsätzlich dem Holz-Element zugeordnet. Das **Element Feuer** kann gut durch rote Blüten symbolisiert werden. Auch das Außenlicht (Kerzen, Feuerschalen, Fackeln oder LED-Leuchten) steht für dieses Element. Das **Element Erde** kommt unter anderem durch einen Steinboden oder gelbe und orangefarbene Kissen ins Spiel. Ein weißer, runder Tisch aus Metall vertritt das **Element Metall** gleich dreifach (Farbe, Form und Material). Vielleicht haben Sie Platz für „echtes" Wasser? Wenn nicht, auch ein blauer Übertopf oder wellige Vorhänge stehen für das **Element Wasser**.

Yin und Yang ausgleichen

Ein flacher, rundlicher oder zierlicher Wuchs sowie weiche Blätter stehen für den **Yin-Charakter** einer Pflanze. Kerzengerade, aufstrebende, hohe kräftige Pflanzen besitzen **Yang-Kräfte**. Bei der Elemente-Zuordnung der Pflanzen hat die Farbe (der Blüte) Vorrang vor der Wuchsform.

Achten Sie darauf, dass Ihre Außenbereiche zu jeder Jahreszeit „strahlen", indem Sie Pflanzen nach Blütezeit kombinieren. Spitze Blätter oder Gegenstände sollten Sie vermeiden. Als Lagerplatz für Leergut sind Außenflächen viel zu schade. Das ist kein gutes Feng-Shui!

Feng-Shui-Tipps für Balkon oder Terrasse

- Gestaltung unter ein Motto stellen
- Immer alle fünf Elemente einbringen (Holz, Feuer, Erde, Metall, Wasser)
- Yin und Yang berücksichtigen
- Ordnung schaffen und halten
- Privatsphäre durch Schutz nach allen Seiten nach dem „Lehnstuhlprinzip"
- Sicht- und Sonnenschutz nach oben
- Für sicheren Boden sorgen
- stabile Balkon- oder Terrassenmöbel einsetzen
- Lichtquelle für abends einplanen
- Pflanzen je nach Blütezeit kombinieren, um zu jeder Jahreszeit einen schönen Anblick zu haben
- Pflanzbeschreibungen beachten: Nicht jede Pflanze verträgt die pralle Sonne!
- Blühende Pflanzen verstärken das gute QI

Störfaktoren auf Balkon oder Terrasse

- Mangelnder Schutz und Geborgenheit
- Zu wenig Raum für Privatsphäre
- Zuviel Wind zerstört die Harmonie
- Spitze Pflanzen oder Gegenstände
- Vertrocknete, beschädigte Pflanzen
- Leergut und Gerümpel
- Schadhafte Outdoor-Möbel

Eine prachtvolle Blumen- oder Kräuter-
treppe sorgt für Vielfalt pur und gutes QI.

Yin und Yang bedeutet auch weich und hart,
zum Beispiel in Form von Kissen und Stein.

Blumenkörbe geben
zusätzlichen seitlichen Schutz.

Orientalische Windlichter
und Leuchten mit zauberhaften Reflexen
bringen das Element Feuer in die Gestaltung.

Schutz von allen Seiten –
gelungenes Beispiel für
das „Lehnstuhlprinzip"

Kissen, Pflanzen und Windlichter
zaubern sofort ein lauschiges Plätzchen.

Der Schutz zum Nachbarn ist sehr wichtig
für die Privatsphäre.

Runde Formen stehen für
das Element Metall.

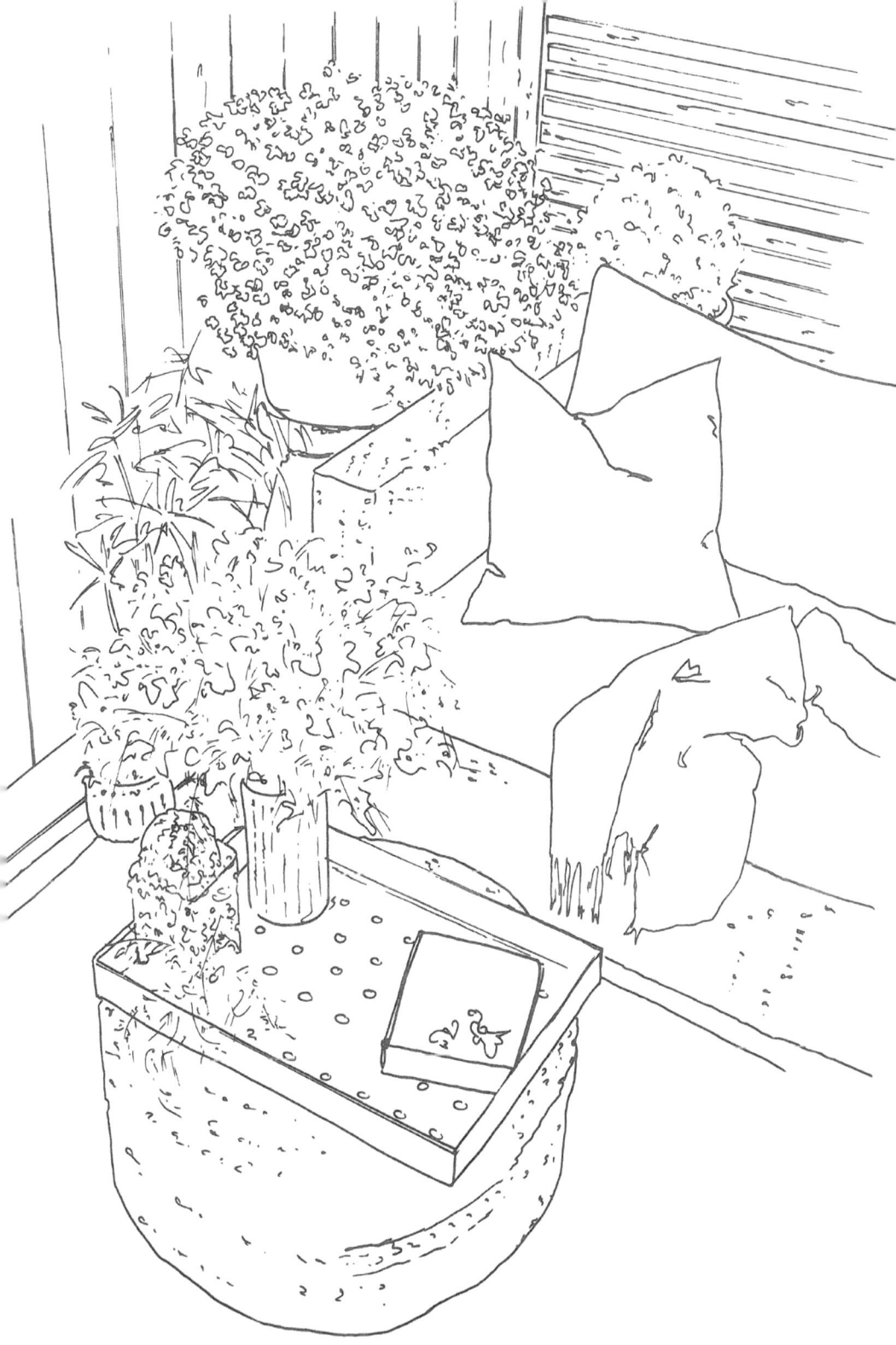

Ein Segel schützt vor Sonne und neugierigen Blicken. Die Form wird dem Element Wasser zugeordnet.

Hier fühlt man sich sicher und geborgen.

Sie haben nur VOR dem Haus Sonne?
Schaffen Sie sich dort einen kleinen Sitzplatz.

Feng-Shui-Gestaltungen sind
unabhängig vom Einrichtungs-Stil.

So klein kann kein Balkon sein,
dass nicht ein Blumenkorb dort Platz hätte.

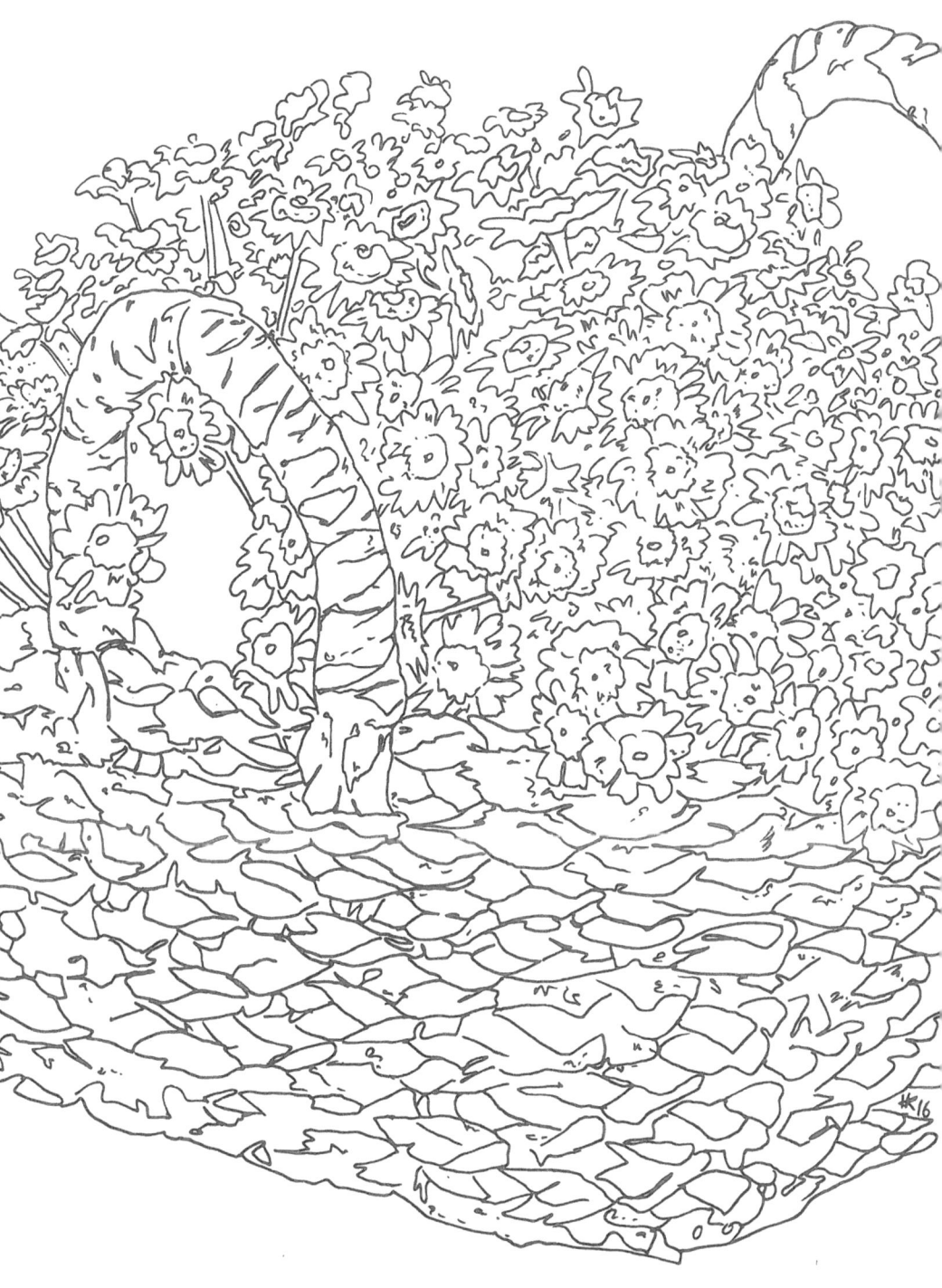

Dieser perfekte Platz im Eck zum Lesen und
Entspannen bietet Schutz von allen Seiten.

Klein, aber Feng Shui!

Mit verschiedenen Pflanzen und Farben
bringen Sie gute Laune an triste Wände.

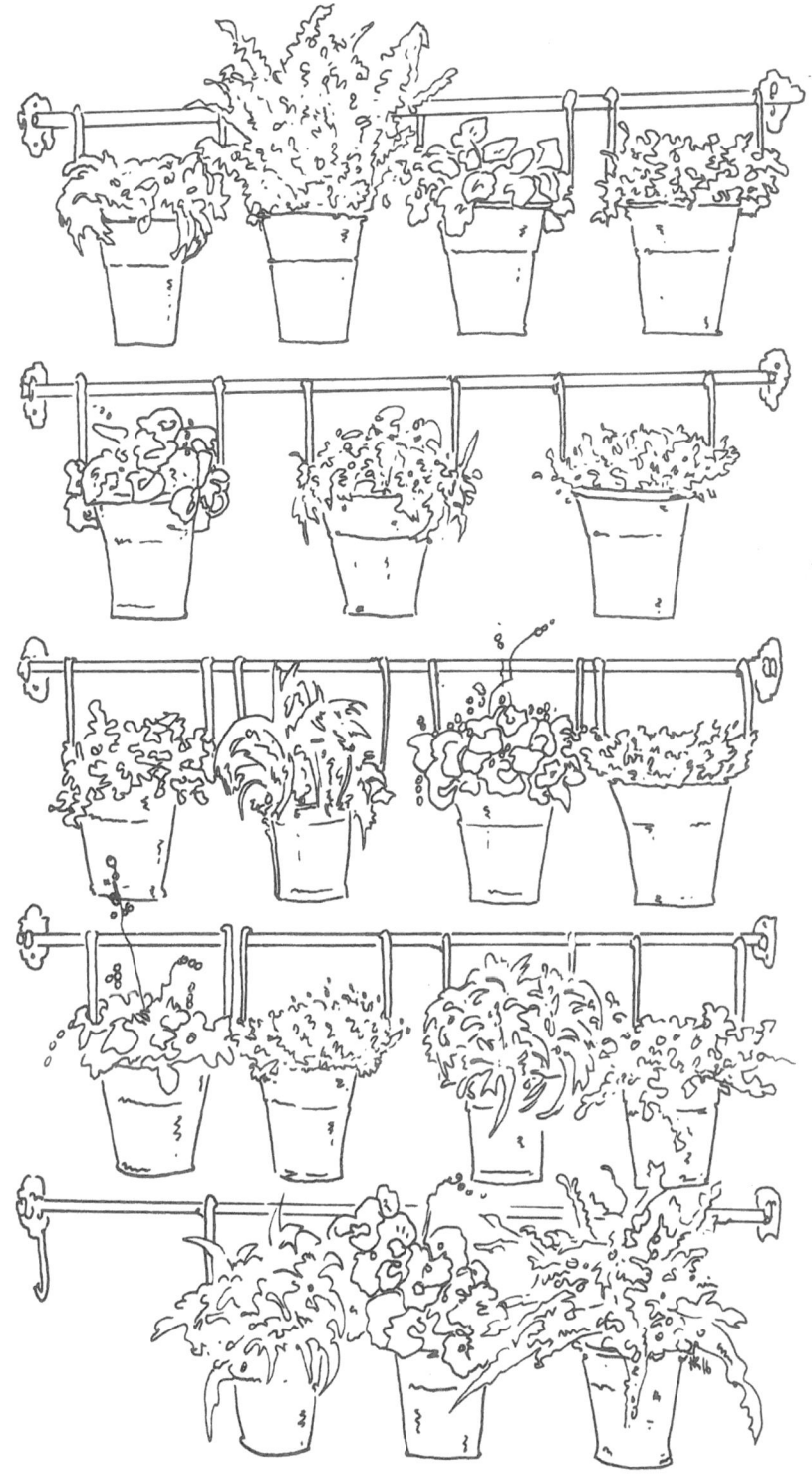

Bei großen Außenflächen bietet es sich an,
Zonen zu bilden: Ausruhen ist Yin-Energie.
Reden und Essen sind dem Yang zugeordnet.

Wenn die Stores sich leicht im Wind
bewegen, können Sie das QI hautnah spüren.

Wasser ist wunderbar belebend,
aber sauber und klar muss es sein.

Wenn kein Balkon vorhanden ist,
helfen blühende Pflanzen rund ums Fenster.

Einfach nur Chillen – ohne scharfe Ecken ...

**Wenn Sie eine Schaukel einsetzen,
immer sicher befestigen und dann genießen.**

Schöne, stabile Sitzmöglichkeiten können Sie
auf dem kleinsten Balkon schaffen.

Sich einfach mal fallen lassen
– in einem rundum geschützten Bereich.

Platz für eine eigene Hängematte
– ein Traum!

Ein gemütliches Essen mit Freunden
und leise plätschert der Brunnen ...

Doppel-Liegen können sehr gut in der Partnerschaftsecke (Südwesten) stehen.

Sie können den Stuhl partout nicht geschützt
stellen?! Dann nehmen Sie einen Stuhl
mit hoher Rückenlehne.

*Liegen, lesen, die Seele baumeln lassen
und den Duft von 1000 Blüten genießen...*

Ein Meditationsplatz auf der Terrasse.
Der Bereich Norden passt hierfür
besonders gut.

Den weiten Blick genießen!

Zwei Stühle vor das Haus und Sonne tanken.
Die Hauswand (Element Erde)
gibt Rückenschutz.

Gesunde Blumen sind einfach nur schön.
Sie dienen als QI-Auffrischer
– innen wie außen.

Ein Minibalkon als Wohlfühloase
– mitten in der Stadt.

Orientalisches Flair lässt sich wunderbar mit Feng-Shui kombinieren.

Wer würde nicht gerne in diesem Pflanzen-
paradies (Element Holz) sitzen?!

Heike Schauz gilt als DIE Business Feng Shui Expertin in Deutschland. Die Baden-Badenerin ist Unternehmerin, Autorin und eine der ersten Frauen mit Meistertitel im Maler-Handwerk.

Heike Schauz schafft Wohlfühlorte in Industrie- und Geschäftsgebäuden, Büros, Hotels und Arztpraxen – komplett ohne esoterische Hilfsmittel. Ihr Fachwissen um den bewussten Einsatz von Farben, Formen, Materialien und Licht gibt sie in Vorträgen, Seminaren, ihrer E-Book-Ratgeberreihe und auf ihrem Blog weiter. Um die Grundlagen der harmonischen Raumgestaltung auf eine spielerische Art zu vermitteln, hat sie das Pocket-Feng-Shui-Malbuch entwickelt.

Mehr Details und zahlreiche Praxisbeispiele unter www.apprico.de

Social Media Profile
pinterest.com/heikeschauz/
facebook.com/apprico
twitter.com/HeikeSchauz
gplus.to/apprico
xing.com/profile/Heike_Schauz2
linkedin.com/in/heike-schauz-2b844b6
youtube.com/user/apprico1

Heike Kessler ist Ideenzeichnerin. Die freie Illustratorin arbeitet als Visual Storyteller, Graphic Recorder und Gestalterin. Sie visualisiert Ideenansätze und Kernbotschaften auf Tagungen und Kongressen.

Heike Kesslers Zeichnungen machen Inhalte sichtbar und Ideen nachvollziehbar. Sie entwirft Bühnenbilder für Veranstaltungen, Shows und Produktpräsentationen. Zudem entwickelt sie Raumkonzepte für Innen und Außen.

Ihre detailgetreuen Illustrationen im Pocket-Feng-Shui-Malbuch lassen Räume lebendig werden. Das Betrachten und Ausmalen der Bilder inspiriert zu neuen Sichtweisen und gibt hilfreiche Impulse zur Umgestaltung der eigenen Räume.

Weitere Infos und Arbeitsbeispiele auf www.ideezeichnen.de

Social Media Profil
de.linkedin.com/in/heike-kessler-864076b2

Ein paar Worte zum Thema Copyright

Jeder Mensch kann kreativ werden. Davon sind wir überzeugt. Jeder kann eigene Ideen entwickeln und umsetzen. Wir haben all unser Fachwissen, unsere langjährige Erfahrung und unser handwerkliches Können in dieses Pocket-Feng-Shui-Book miteinfließen lassen. Wir möchten Ihnen Impulse für die harmonische Raumgestaltung geben. Doch wir möchten nicht, dass unsere Arbeit einfach kopiert wird.

Alle Scribbles sind mit viel Liebe von Hand gezeichnet

Alle Bilder und Texte sind unser geistiges Eigentum. Die kommerzielle Nutzung und Vervielfältigung sind untersagt. Falls Sie eine Illustration oder eine Textpassage verwenden möchten, fragen Sie vorher nach unserem Einverständnis, am besten per Mail unter mail@apprico.de

Weiterempfehlung im Web erwünscht

Sie können gern auf Ihrer Website, in Ihrem Blog oder in den sozialen Medien auf unser Werk verweisen. Bitte verwenden Sie in Ihren Artikeln den Urhebervermerk: „pocket-feng-shui by Heike Schauz & Heike Kessler" oder verlinken Sie auf **www.apprico.de**

Copyright ©Heike Schauz/apprico
Alle Illustrationen und Texte
sind urheberrechtlich geschützt.